CONDITIONS DE LA VENTE

Elle sera faite au comptant.

Les acquéreurs payeront 5 pour 100 en sus des adjudications, applicables aux frais.

L'Exposition mettant les acquéreurs à même de se rendre compte de l'état et de la nature des objets, il ne sera admis aucune réclamation, une fois l'adjudication prononcée.

CATALOGUE

DE

4 TABLEAUX

PEINTS PAR

F. BOUCHER

Représentant les quatre Éléments

TABLEAUX ANCIENS

PAR

BOILLY — CALLOT — RIBARZ

TABLEAUX MODERNES ET DESSINS

PAR

DE NITTIS — TH. ROUSSEAU — MILLET — PÉCRUS
CÉSAR DE COCK — DEFAUX — FAUVELET — TCHOUMAKOF

OBJETS D'ART

BELLE CHASSE BYSANTINE — VITRAUX DU XVIe SIÈCLE
PORCELAINES DE SAXE — FAÏENCES DE DELFT — VASES EN MALACHITE
ARGENTERIE
BRONZES D'AMEUBLEMENT — MEUBLES ANCIENS ET DE STYLE

---

4 Bustes en marbre, Les Saisons, de Lanzirotti

18 BELLES TAPISSERIES

TAPIS D'ORIENT - COUVRE-LITS BRODÉS

Composant la Collection de M. L...

ET DONT LA VENTE AURA LIEU

HOTEL DROUOT, SALLE N° 1

LE JEUDI 9 MARS 1882 A 2 HEURES

COMMISSAIRE-PRISEUR	EXPERT
Me E. BERTHELIN	M. A. BLOCHE
29, rue Le Peletier	44, rue Laffitte

EXPOSITION PUBLIQUE

LE MERCREDI 8 MARS 1882, DE 1 HEURE 1/2 A 5 HEURES 1/2

DÉSIGNATION

TABLEAUX — DESSINS

F. BOUCHER

1. — L'Air.

2. — La Terre.

3. — L'Eau.

4. — Le Feu.

Quatre remarquables compositions.

BENOUVILLE

5. — Paysage d'Italie.

BOILLY

6. — Départ pour la chasse.

CALLOT

7. — Les Bohémiens.

CARRACHE

8. — Sainte Catherine.

CARRACHE (A.)

9. — Madeleine.

CARRIER-BELLEUSE (PIERRE)

10. — La Danse champêtre.

COCK (CÉSAR DE)

11. — Sous le pont à Gasseny.

DEFAUX

12. — Intérieur de ferme.

DREUX (*attribué à* ALFRED DE)

13. — Cavalier et Amazone.

FAUVELET

14. — Le Coin du feu.

LEFEBVRE

15. — Fruits, Nature morte.

LEGRAND

16. — Marine.

MILLET

17. — Le Gardeur de vaches.

> Dessin important.
> Provient de la collection de Mlle Marguerite Sensier; a été
> reproduit dans la *Vie et œuvre de Millet,* par Sensier.

MIGNARD (*attribué à*)

18. — Portrait de dame prenant une rose dans une corbeille
de fleurs.

NITTIS (De)

19. — L'Avenue de Neuilly, animée de nombreuses figures
et de voitures.

PÉCRUS

20. — Élégante.

RIBARZ (*Signé*)

21. — L'Approche de l'orage.

ROUSSEAU (Th.)

22. — Entrée de forêt.

ROUSSEAU (Th.)

23. — Un Chemin en forêt. Dessin.

TCHOUMAKOF

24. — Portrait de jeune femme.

25. — Jolie blonde.

VAN LOO (*attribué à*)

26. — Dame en vestale.

VAUQUELIN

27. — Le Marchand d'esclaves.

VISCONTI

28. — Sous bois.

ÉCOLE ANCIENNE

29. — Les Ports de France. Quatre gravures, cadres en bois sculpté Louis XVI.

ÉCOLE HOLLANDAISE

30. — Le Déjeuner champêtre.

ÉCOLES DIVERSES

31. — Gravures (Dans un carton).

STORCK

32. — Port de mer.

VERSTAPPEN

33. — Paysage.

CANALETTO

34. — Un quai à Venise.

OBJETS D'ART ET D'AMEUBLEMENT

TAPISSERIES

35. — Grande et belle Châsse en émail byzantin, ornée de
seize médaillons à personnages.

36. — Deux très belles Potiches à pans, en ancienne faïence
de Delft, décor polychrome.

37.   Lustre et deux Appliques en bois doré et sculpté orné
de fleurs en porcelaine blanche de Saxe.

38. — Tapisserie Louis XIII à personnages.

39. — Série de six belles Tapisseries.

40. — Série de huit belles Tapisseries.

41. — Suite de quatre Tapisseries.

42-45. — Quatre beaux Bustes en marbre blanc, *les Saisons*,
de Lanzirotti.

46. — Beau Vase avec couvercle en bronze ciselé et doré,
supporté par trois enfants tritons. Le pied est orné
de chimères et de coquilles.

47. — Console en bois sculpté et doré par partie, style
Louis XV. Dessus en marbre vert de mer.

48. — Deux Flambeaux en bronze doré, style Louis XIV, de Barbedienne.

49. — Autre paire moins grands que les précédents.

50. — Deux Jardinières en émail cloisonné de la Chine, fond bleu turquoise à fleurs.

51. — Applique à quatre lumières en bronze doré, fond de glace.

52. — Pièce de surtout en bronze argenté, fond en glace.

53. — Beau Groupe, sujet de chasse en bronze argenté, formant pièce de milieu pour surtout de table.

54. — Deux Flambeaux en plaqué, époque Empire

55. — Lit en palissandre ciré, style Louis XV.

56. — Table de nuit, même style.

57. — Glace avec cadre en bois sculpté et doré, style Louis XIV.

58. — Petite Glace, même genre.

59. — Glace avec cadre en bois noir sculpté.

60. — Suspension en cuivre.

61. — Encoignure d'applique en acajou.

62. — Belle Pendule avec gaine en marqueterie, style Louis XIV, ornée de bronzes.

63. — Meuble vitrine en bois de luxe, orné de bronzes, style Louis XVI.

64. — Paire de beaux Vases en malachite.

65. — Coffret en malachite, monté en bronze doré.

66. — Bloc de malachite.

67. — Quatre Flambeaux d'église en bois sculpté et doré, époque Louis XIV.

68. — Reliquaire en bois sculpté, **xvi**ᵉ siècle.

69. — Fauteuil en bois sculpté, couvert en cuir, xvie siècle.

70. — Gobelet en argent gravé, époque Louis XV.

71. — Gobelet en argent gravé, époque Louis XV.

72. — Montre en or, époque Louis XV.

73. — Groupe de Faisans en bronze, par Mène.

74-77. — Quatre beaux Coffres de mariage en bois sculpté Renaissance.

Seront vendus séparément.

78. — Ameublement de salon, un canapé et six fauteuils du temps de Louis XIV, en bois sculpté et tapisseries à fleurs.

79. — Commode Louis XVI.

80. — Beau Tapis du Kurdestan.

81. — Tapis de Perse, fond blanc.

82. — Tapis de Perse, dessin genre cachemire.

83. — Tapis moquette, style persan.

84. — Seize Plats et Assiettes en faïence Strasbourg, décor à
fleurs.

85. — Huit Couteaux à manches d'argent.

86. — Calice en argent doré et ciselé.

87. — Deux grands Plateaux en argent.

88. — Quatre Plaques en argent, travail grec.

89-90. — Deux Reliures de livres en argent.

91. — Glace avec cadre en argent.

92-94. — Trois beaux Couvre-lits brodés en soie et or.

Seront vendus séparément.

95. — Beau Couvre-lit à fond tissé d'argent.

96. — Très bel Éléphant en terre de Bocaro, richement harnaché, en bronze ciselé et gravé, orné de pierreries.

97. — Joli petit Cabinet en laque fine rehaussée d'or du Japon.

98. — Beau Magot en laque fine, fond bronzé, rehaussée d'or du Japon.

99. — Divinité en bois sculpté et doré de l'Inde.

100. — Deux beaux Cornets en faïence de Rouen, décor polychrome simulant les dessins de la famille verte.

101. — Jolie Bonbonnière en ivoire laqué du Japon, montée en bronze et ornée de médailles en bronze ciselé.

102. — Bonbonnière en émail cloisonné de Chine, travail ancien.

VITRAUX

103. — Vitrail du xviie siècle représentant un sujet tiré de l'Écriture sainte.

Signé : Greblin.

Daté 1646.

104. — Vitrail du xvie siècle. Le bon Pasteur et la Vierge.

Daté 1524.

105. — Vitrail rond représentant une armoirie double, époque du xvie siècle.

106. — Objets non catalogués.

Paris. — Imp. A. Quantin, 7, rue Saint-Benoît. [416]

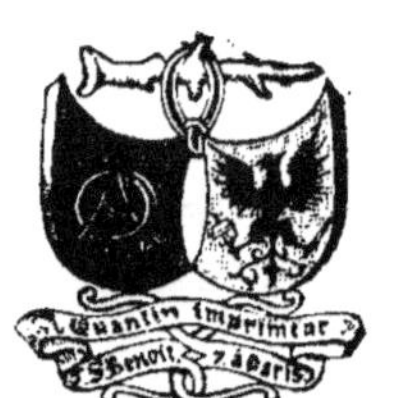

Quantin Imprimeur
S. Benoit 7 à Paris